DER MODERNE LEITFADEN FÜR KAFFEE UND ESPRESSO

50 EINFACHE UND SCHMACKHAFTE REZEPTE

JACQUES NOVELLO

INHALTSVERZEICHNIS

EINFÜHRUNG

Warum lieben wir Kaffee so sehr? Nun, abgesehen von der Tatsache, dass es super lecker ist!

Eine dampfende Tasse Kaffee ist das erste, was Millionen von Menschen jeden Morgen erreichen, und es gibt eine Vielzahl von Gründen, warum diese Menschen dies täglich tun. Das darin enthaltene Koffein spielt zwei Rollen, warum Menschen Kaffee trinken. Erstens hilft das Koffein im Kaffee dabei, das Blut der Menschen in Bewegung zu bringen und sie fühlen sich energetisiert. Arbeiter am frühen Morgen verlassen sich in der Regel auf ihren Kaffee, um ihren Arbeitstag zu überstehen.

Der andere Grund, warum Koffein ein Grund ist, warum Menschen Kaffee trinken, ist, dass es süchtig macht. Es gibt viele Chemikalien in Kaffee, die zu seinen süchtig machenden Eigenschaften führen, und Koffein ist das wichtigste. Koffeinentzug kann Kopfschmerzen und Reizbarkeit verursachen und viele Menschen ziehen es vor, ihren Kaffee nicht aufzugeben.

Kaffee ist zu einem sehr geselligen Getränk geworden, das in der Beliebtheit von Alkohol ähnlich ist. Am Morgen im örtlichen Café können Sie mit Freunden abhängen oder sich treffen, um Geschäfte zu besprechen. Menschen neigen dazu, bei diesen Zusammenkünften Kaffee zu trinken, ob sie es mögen oder nicht, was ihnen schließlich hilft, einen Geschmack dafür zu entwickeln, und dann macht es süchtig.

Kaffeetrinker sagen, sie trinken Kaffee, um sich zu entspannen. Während dies wie ein Oxymoron erscheinen mag, wenn man bedenkt, dass Kaffee ein Stimulans ist, kann eine heiße Tasse entkoffeinierten Kaffees oder für manche Menschen sogar normaler Kaffee die Sinne entspannen und ihnen helfen, sich zu entspannen und ihre Nerven zu beruhigen. Die Forscher führen die beruhigende Wirkung auf die Stimulation der Sinne zurück, die die Kreativität und den mentalen Reiz fördert, was wiederum dazu beiträgt, einige Menschen zu beruhigen.

KAFFEE AUS DER GANZEN WELT

1. Louisiana Cafe mit Milch

Zutaten:
- 2 Tassen Milch
- Zucker
- 1 Tasse Louisiana Kaffee mit Chicorée

Richtungen

a) Milch in einen Topf geben; zum Kochen bringen.

b) Gießen Sie heißen, frisch gebrühten Kaffee und
   Milch gleichzeitig in Tassen. nach Belieben mit
   Zucker süßen.

2. Dänischer Kaffee

Zutaten:
- 8 c Heißer Kaffee
- 1 c Dunkler Rum
- 3/4 c Zucker
- 2 Zimtstangen
- 12 Nelken (ganz)

Richtungen

a) In einem sehr großen, schweren Topf alle
   Zutaten vermischen, abdecken und ca. 2
   Stunden bei schwacher Hitze aufbewahren.

b) In Kaffeetassen servieren.

3. Kanadischer Kaffee

Zutaten:
- 1/4 Tasse Ahornsirup; rein
- 1/2 Tasse Roggenwhisky
- 3 Tassen Kaffee; heiß, schwarz, doppelte Stärke

Belag:
- 3/4 Tasse Schlagsahne
- 4 TL reiner Ahornsirup

Richtungen

a) Topping-Schlagen Sie die 3/4 Tasse Schlagsahne mit 4 TL Ahornsirup, bis ein weicher Hügel entsteht.

b) Befolgen Sie hier das Kaffeerezept. Teilen Sie Ahornsirup und Whisky auf 4 vorgewärmte hitzebeständige Glasbecher.
c) Gießen Sie Kaffee bis 1 Zoll von oben ein.
d) Löffel über Kaffee.
e) Dienen

4. Türkischer Kaffee

Zutaten:
- 3/4 Tasse Wasser
- 1 EL Zucker
- 1 EL pulverisierter Kaffee
- 1 Kardamomschote

Richtungen
a) Wasser und Zucker zum Kochen bringen Ibrik
b) Vom Herd nehmen und Kaffee und Kardamom hinzufügen
c) Gut umrühren und wieder erhitzen.
d) Wenn der Kaffee aufschäumt, vom Herd nehmen und den Boden absetzen lassen.
e) Wiederholen Sie noch zweimal. In Tassen gießen.

f) Der Kaffeesatz sollte sich vor dem Trinken absetzen.
g) Sie können den Kaffee mit der Kardamomschale in der Tasse Ihrer Wahl servieren

Türkische Kaffeetipps

h) Muss immer mit Schaum serviert werden
i) Sie können verlangen, dass Ihr Kaffee für türkischen Kaffee gemahlen wird - es handelt sich um eine Pulverkonsistenz.
j) Nach dem Eingießen in Tassen nicht umrühren, da der Schaum sonst zusammenbricht
k) Verwenden Sie bei der Zubereitung immer kaltes Wasser
l) Sahne oder Milch wird türkischem Kaffee niemals zugesetzt, Zucker ist jedoch optional

5. Deutscher Kaffee

Zutaten:
- 1/2 Unzen Kirschbrand
- 5 Unzen frischer schwarzer Kaffee
- 1 Teelöffel Zucker Schlagsahne
- Maraschino-Kirsche

Richtungen

a) Gießen Sie den Kaffee und den Kirschbrand in eine Kaffeetasse und fügen Sie den Zucker zum Süßen hinzu.

b) Top mit Schlagsahne und einer Maraschino-Kirsche.

c) T.ry Jason Kronung real deutscher Kaffee - sie sagen, es ist das Beste

6. Vietnamesischer Eierkaffee

Zutaten:
- 1 Ei

- 3 Teelöffel Vietnamesisches Kaffeepulver

- 2 Teelöffel gesüßte Kondensmilch
- Kochendes Wasser

Richtungen

a) Brauen Sie ein kleines cvietnamesischen Kaffee.

b) Knacken Sie ein Ei und werfen Sie das Weiß weg.

c) Das Eigelb und die gesüßte Kondensmilch in eine kleine, tiefe Schüssel geben und kräftig verquirlen, bis eine schaumige, flauschige Mischung wie oben entsteht.

d) Fügen Sie einen Esslöffel des gebrühten Kaffees hinzu und schlagen Sie ihn hinein.

e) Gießen Sie in einer klaren Kaffeetasse Ihren gebrühten Kaffee hinein und fügen Sie dann die flauschige Eimischung hinzu.

7. Mexikanischer Gewürzkaffee

Zutaten:

- 3/4 Tasse brauner Zucker, fest verpackt
- 6 Nelken
- 6 Julienne schneidet Orangenschale
- 3 Zimtstangen
- 6 EL. Echter gebrühter Kaffee

Richtungen

a) In einem großen Topf 6 Tassen Wasser mit braunem Zucker, Zimtstangen und Nelken bei mäßig hoher Hitze erhitzen, bis die Mischung heiß ist, aber nicht kochen lassen. Fügen Sie den Kaffee hinzu, bringen Sie die Mischung unter gelegentlichem Rühren 3 Minuten lang zum Kochen. Den Kaffee durch ein feines Sieb passieren und in Kaffeetassen mit Orangenschale servieren.

8. Westindischer Kaffee

Zutaten:

- 3 1/2 Tassen Vollmilch
- 1/4 Tasse Instantkaffee
- 1/4 Tasse brauner Zucker
- 1 Schuss Salz

Richtungen

a) Geben Sie den Instantkaffee, den braunen Zucker und das Salz in Ihre Tasse.

b) Bringen Sie die Milch vorsichtig zum Kochen. Zum Auflösen umrühren.

c) In schweren Bechern servieren.
d) Ergibt 4 Portionen.

9. Milchkaffee

Zutaten:
- 1 Tassen Milch
- 1 Tassen leichte Creme
- 3 EL Instantkaffee
- 2 Tassen kochendes Wasser

Richtungen

a) Bei schwacher Hitze Milch und Sahne heiß werden lassen. In der Zwischenzeit den Kaffee in kochendem Wasser auflösen. Vor dem Servieren die Milchmischung mit dem Rotationsschläger schaumig schlagen. Gießen Sie die Milchmischung in den erwärmten Krug und den Kaffee in einen separaten Krug.

b) Zum Servieren: Füllen Sie die Tassen, indem Sie gleichzeitig aus beiden Krügen gießen, damit sich die Ströme beim Gießen treffen.

c) Dieser Kaffee macht eine wunderbare Präsentation sowie köstliche Gunst.

10. Instant Orange Cappuccino

Zutaten:
- 1/3 Tasse Milchpulver
- 1/3 Tasse Zucker
- 1/4 Trockener Instantkaffee
- 1 oder 2 orangefarbene Bonbons (zerkleinert)

Richtungen
a) Alle Zutaten im Mixer vermischen.
b) Mischen Sie 1 EL mit 3/4 Tasse heißem Wasser.
c) In luftdichtem Glas aufbewahren.

11. Mokka-Mix nach Schweizer Art

Zutaten:

- 1/2 Tasse Instantkaffeegranulat
- 1/2 Tasse Zucker
- 2 EL Kakao
- 1 Tasse fettfreies Trockenmilchpulver

Richtungen
a) Alles kombinieren und gut mischen. Lagern Sie die Mischung in einem luftdichten Behälter.
b) Für jede Portion:
c) Platzieren Sie 1 EL. + 1 TL. in eine Tasse mischen.
d) 1 Tasse kochendes Wasser hinzufügen und gut umrühren.

12. Sofortiger irischer Rahmkaffee

Zutaten:
- 1 1/2 Tasse warmes Wasser

- 1 EL Instant-Kaffeekristalle

- 1/4 Tasse Irish Whiskey
- Brauner Zucker nach Geschmack
- Rediwhip Dessert Topping

Richtungen
a) Kombinieren Sie in einem 2-Tassen-Maß
   Wasser und Instantkaffeekristalle. Mikrowelle,
   unbedeckt, bei 100% Leistung ca. 4 Minuten
   oder nur bis zum Dämpfen.

b) Irish Whiskey und braunen Zucker einrühren.
In Bechern servieren.
c) Belegen Sie jeden Becher mit Rediwhip.

13. Mokka-Kaffeemischung

Zutaten:
- 1/4 Tasse Milchpulver
- 1/3 Tasse Zucker
- 1/4 Tasse Trockener Instantkaffee
- 2 tb. Kakao

Richtungen

a) Alle Zutaten in den Mixer geben und hoch schlagen, bis alles gut vermischt ist. Mischen Sie 1 1/2 EL mit einer Tasse heißem Wasser.

b) In einem luftdichten Glas aufbewahren. So wie ein Einmachglas.

14. Mokka Instantkaffee

Zutaten:
- 1 Tasse Instantkaffeekristalle
- 1 Tasse heiße Schokolade oder Kakaomischung
- 1 Tasse Milchkännchen
- 1/2 Tasse Zucker

Richtungen
a) Kombinieren Sie alle Zutaten; gründlich mischen. In einem dicht verschlossenen Glas aufbewahren. Versuchen Sie es mit einem Einmachglas.
b) Dienen:

c) 1 1/2 - 2 Esslöffel in eine Tasse oder einen Becher geben.

d) Rühren Sie kochendes Wasser ein, um die Tasse zu füllen.

e) Macht 3 1/2 Tassen Kaffeemischung oder etwa 25 oder mehr Portionen.

15. Wiener Kaffeemischung

Zutaten:
- 2/3 Tasse (kaum) trockener Instantkaffee
- 2/3 Tasse Zucker
- 3/4 Tasse Milchpulver
- 1/2 TL Zimt
- Strich gemahlener Piment
- Gewürznelken
- Strich Muskatnuss

Richtungen

a) Alle Zutaten mischen und in einem luftdichten Glas aufbewahren.

b) Mischen Sie 4 TL mit 1 Tasse heißem Wasser.

16. Schlummertrunk-Kaffeemischung

Zutaten:

- 2/3 Tasse Milchkaffeeweißer
- 1/3 Tasse Instant Decaf Kaffeegranulat
- 1/3 Tasse Kristallzucker
- 1 TL gemahlener Kardamom
- 1/2 TL gemahlener Zimt

Richtungen

a) Kombinieren Sie alle Zutaten in einer mittelgroßen Schüssel; rühren, bis alles gut vermischt ist.

b) In luftdichtem Behälter aufbewahren. Ergibt 1 1/3 Tassen Kaffeemischung

c) 1 gehäuften Esslöffel Kaffeemischung in 8 Unzen heißes Wasser geben. Rühren, bis alles gut vermischt ist.

17. Cappuccino-Mix

Zutaten:

- 6 TL Instantkaffee
- 4 EL ungesüßter Kakao
- 1 TL gemahlener Zimt
- 5 EL Zucker
- Schlagsahne

Richtungen

a) Alle Zutaten mischen.

b) Für eine Portion Kaffee 1 Esslöffel Mischung verwenden und in einen großen Becher geben. 1 $\frac{1}{2}$ Tassen kochendes Wasser übergießen und umrühren. Top mit Schlagsahne

18. Cafe Cappuccino Mix

Zutaten:
- 1/2 Tasse Instantkaffee
- 3/4 Tasse Zucker
- 1 Tasse fettfreie Trockenmilch
- 1/2 TL getrocknete Orangenschale

Richtungen

a) Mahlen Sie die getrocknete Orangenschale mit einem Mörser und einem Stößel. Alle Zutaten verrühren.

b) Verwenden Sie einen Mixer, um zu kombinieren, bis pulverisiert.

c) Für jede Portion:

d) Verwenden Sie 2 Esslöffel für jede Tasse heißes Wasser.

e) Macht etwa 2 1/4 Tassen Mischung.

IRISCHER KAFFEE

19. Irish Coffee Shooter Milchshake

Zutaten:
- 1/2 Tassen Magermilch
- 1/2 Tassen Fettarmer Joghurt
- 2 TL Zucker
- 1 TL Instant-Kaffeepulver

- 1 TL irischer Whisky

Richtungen
a) Alle Zutaten bei niedriger Geschwindigkeit in einen Mixer geben.
b) Mischen, bis Sie sehen, dass Ihre Zutaten ineinander eingearbeitet sind.
c) Verwenden Sie zur Präsentation ein hohes Schüttelglas.

20. Gute alte Iren

Zutaten:

- 1,5 Unzen Irish Cream Liqueur
- 1,5 Unzen Irish Whiskey
- 1 Tasse heiß gebrühter Kaffee
- 1 EL Schlagsahne
- 1 Schuss Muskatnuss

Richtungen

a) Kombinieren Sie in einer Kaffeetasse Irish Cream und The Irish Whiskey.
b) Füllen Sie die Tasse mit Kaffee. Top mit einem Schuss Schlagsahne.
c) Mit einer Prise Muskatnuss garnieren.

21. Bushmills Irish Coffee

Zutaten:

- 1 1/2 Unzen Bushmills Irish Whiskey
- 1 TL brauner Zucker (optional)
- 1 Schuss Crème de Menthe, grün
- Extra starker frischer Kaffee
- Schlagsahne

Richtungen

a) Gießen Sie Whisky in die irische Kaffeetasse
   und füllen Sie sie bis zum Rand mit Kaffee.
   Nach Belieben Zucker hinzufügen und mischen.
   Top mit Schlagsahne und Crème de Menthe
   darüber träufeln.

b) Tauchen Sie den Rand der Tasse in Zucker, um
   den Rand zu beschichten.

22. Starker irischer Kaffee

Zutaten:

- 1 Tasse starken Kaffee
- 1 1/2 Unzen Irish Whiskey
- 1 TL Zucker
- 1 EL Schlagsahne

Richtungen

a) Mischen Sie Kaffee, Zucker und Whisky in einem großen mikrowellengeeigneten Becher.

b) Mikrowelle hoch 1 bis 2 min. Top mit Schlagsahne

c) Vorsicht beim Trinken, kann einen Moment brauchen, um sich abzukühlen.

23. Cremiger irischer Kaffee

Zutaten:
- 1/3 Tasse Irish Cream Liqueur
- 1 1/2 Tassen frisch gebrühter Kaffee
- 1/4 Tasse Sahne, leicht gesüßt und geschlagen

Richtungen

a) Likör und Kaffee auf 2 Tassen verteilen.
b) Top mit Schlagsahne.
c) Dienen.

24. Altmodischer irischer Kaffee

Zutaten:

- 3/4 Tasse warmes Wasser
- 2 EL Irish Whiskey
- Dessert Topping Rediwhip
- 1 1/2 Löffel Instant-Kaffeekristalle
- Brauner Zucker nach Geschmack

Richtungen

a) Kombinieren Sie Wasser und Instantkaffeekristalle. Mikrowelle, unbedeckt, an

b) 100% Leistung ca. 1 1/2 Minuten oder nur bis es dampfend heiß ist. Irish Whiskey und braunen Zucker einrühren. Top mit Rediwhip Topping oder ähnlichem.

EISKAFFEE

25. Iced Mochacchino

Zutaten:
- 1/2 Tasse gebrühter Espresso, gekühlt
- 6 tb Schokoladensirup
- 1 EL Zucker
- 1/2 Tasse Milch
- 1 Tasse Vanilleeis oder gefrorener Joghurt
- 1/4 Tasse Sahne, weich geschlagen

Richtungen
a) Den Espresso, den Schokoladensirup, den Zucker und die Milch in einen Mixer geben und mischen.
b) Fügen Sie das Eis oder den Joghurt hinzu und mischen Sie alles glatt.

c) Gießen Sie die Mischung in zwei gekühlte Gläser und belegen Sie sie jeweils mit Schlagsahne und Schokoladenröllchen oder mit Zimt oder Kakao.

26. Mandel-Eiskaffee

Zutaten:
- 1 Tasse stark gebrühter Kaffee
- 1 Tasse Magermilch
- 1/2 TL Vanilleextrakt
- 1/2 TL Mandelextrakt
- 1 TL Zucker
- Zimt zum Garnieren
- Dessert-Topping wie Rediwhip

Richtungen

a) Kombinieren Sie 1 Tasse stark gebrühten Kaffee mit 1 Tasse Magermilch, Vanilleextrakt, Mandelextrakt und Zucker.
b) Gießen Sie in 2 - 10 Unzen Eis gefüllte Gläser
c) Mit dem Zimt garnieren.

27. Gefrorener Zimtkaffee

Zutaten:

- 4 Tasse starker Kaffee (verwenden Sie 2 bis 4 Teelöffel Instant zu 1 Tasse kochendem Wasser
- 1 3 "Stick Zimt, in kleine Stücke gebrochen
- 1/2 Tasse Sahne
- Kaffeesirup-Sirup gibt es in vielen Geschmacksrichtungen. Vanille würde den Zimt ergänzen.

Richtungen

a) Gießen Sie heißen Kaffee über Zimtstücke; abdecken und ca. 1 Stunde stehen lassen.

b) Zimt entfernen und Sahne einrühren. Gründlich abkühlen lassen.

c) Zum Servieren in eisgefüllte Gläser gießen. Die gewünschte Menge Kaffeesirup einrühren.

d) Wenn gewünscht, mit gesüßter Schlagsahne belegen und mit gemahlenem Zimt bestreuen. Verwenden Sie Zimtstangen als Rührer.

28. Kaffee Eis

Zutaten:

- 2 Tasse gebrühter Espresso
- 1/4 Tasse Zucker
- 1/2 TL gemahlener Zimt

Richtungen

a) In einem Topf bei mittlerer Hitze alle Zutaten köcheln lassen, um sich aufzulösen.

b) Die Mischung in eine Metallschale geben, abdecken und mindestens 5 Stunden lang einfrieren. Die äußere gefrorene Mischung alle halbe Stunde in die Mitte rühren, bis sie fest, aber nicht fest gefroren ist.

c) Kratzen Sie die Mischung kurz vor dem Servieren mit einer Gabel ab, um die Textur aufzuhellen. Ergibt 4 (1/2 Tasse) Portionen.

29. Iced Cafe Au Lait

Zutaten:
- 2 1/4 kalter frisch gebrühter Kaffee
- 2 Tassen Milch
- 2 Tassen Crushed Ice
- Zucker nach Belieben

Richtungen

a) Alle Zutaten in einem Mixer vermischen.
b) Fügen Sie Zucker hinzu und mischen Sie weiter,
   bis er schaumig ist.
c) Über Eis gießen
d) Sofort servieren.

30. Cremiger Eiskaffee

Zutaten:

- 1 Tasse gekühlter, stark gebrühter Kaffee
- 2 abgerundete Esslöffel Konditorzucker
- 3 Tassen gehacktes Eis

Richtungen
a) Kombinieren Sie den Kaffee, Zucker und Eis
b) Mixen, bis es cremig ist

ALKOHOLISCHER KAFFEE

31. Rum Kaffee

Zutaten:
- 12 Unzen frisch gemahlener Kaffee, vorzugsweise Schokoladenminze oder Schweizer Schokolade
- 2 Unzen oder mehr 151 Rum
- 1 große Kugel Schlagsahne
- 1 Unze Haagen-Dazs Likör oder Baileys Irish Cream
- 2 EL Schokoladensirup

Richtungen

a) Den Kaffee frisch mahlen.
b) Brauen.
c) Geben Sie in einen großen Becher die 2+ Unzen 151 Rum in den Boden.
d) Gießen Sie den heißen Kaffee zu 3/4 in die Tasse.
e) Fügen Sie die HagenDaz oder Bailey's Irish Cream hinzu.
f) Rühren.
g) Mit der frischen Schlagsahne belegen und mit dem Schokoladensirup beträufeln.

32. Kahlua Irish Coffee

Zutaten:

- 2 Unzen Kahlua oder Kaffeelikör
- 2 Unzen Irish Whiskey
- 4 Tasse heißer Kaffee
- 1/4 Tasse Schlagsahne, geschlagen

Richtungen

a) Gießen Sie eine halbe Unze Kaffeelikör in jede
   Tasse. Fügen Sie jeweils eine halbe Unze Irish
   Whiskey hinzu

b) Tasse. Gießen Sie dampfenden frisch
   gebrühten heißen Kaffee ein und rühren Sie um.
   Löffel zwei Haufen

c) Esslöffel Schlagsahne darüber. Heiß servieren,
   aber nicht so heiß, dass Sie sich die Lippen
   verbrennen.

33. Baileys irischer Cappuccino

Zutaten:

- 3 Unzen Bailey's Irish Cream
- 5 Unzen heißer Kaffee -
- Dessert-Topping in Dosen
- 1 Schuss Muskatnuss

Richtungen
a) Gießen Sie Bailey's Irish Cream in eine Kaffeetasse.
b) Mit heißem schwarzen Kaffee füllen. Top mit einem einzigen Spray Dessert Topping.
c) Staubdessert mit einem Schuss Muskatnuss

34. Brandy Kaffee

Zutaten:

- 3/4 Tasse heißer starker Kaffee
- 2 Unzen Brandy
- 1 TL Zucker
- 2 Unzen schwere Sahne

Richtungen

a) Gießen Sie den Kaffee in eine große Tasse. Fügen Sie den Zucker hinzu und rühren Sie um, um sich aufzulösen.

b) Den Brandy hinzufügen und erneut umrühren. Gießen Sie die Sahne über die Rückseite eines Teelöffels, während Sie ihn leicht über die Oberseite des Kaffees in der Tasse halten. Dadurch kann es schweben.

c) Dienen.

35. Kahlua & Schokoladensauce

Zutaten:
- 6 Tassen heißer Kaffee
- 1 Tasse Schokoladensirup
- 1/4 Tasse Kahlua
- $\frac{1}{8}$ TL gemahlener Zimt
- Schlagsahne

Richtungen
a) Kombinieren Sie Kaffee, Schokoladensirup, Kahlua und Zimt in einem großen Behälter; gut umrühren.
b) Sofort servieren. Top mit Schlagsahne.

Schokoladensoße
Zutaten:

- 1/2 Tasse Zucker
- 2 Esslöffel Kakao
- 1/8 TL Salz
- 1 1 / 2-2 Esslöffel Butter
- 1/4 Tasse Wasser
- 1/4 Teelöffel Vanilleextrakt

Richtungen
a) Kombinieren Sie Zucker, Kakao und Salz in einem kleinen Topf.
b) Fügen Sie genügend Wasser hinzu, um eine Konsistenz zu erhalten, die Sie umrühren können.
c) Fügen Sie Butter zur Kakaomischung hinzu.
d) Bei mittlerer Hitze unter ständigem Rühren zum Kochen bringen.
e) 1 Minute kochen lassen.
f) Vom Herd nehmen.
g) Fügen Sie Vanille hinzu.

36. Hausgemachter Kaffeelikör

Zutaten:
- 4 Tasse Zucker
- 1/2 Tasse Instantkaffee - gefiltertes Wasser verwenden
- 3 Tasse Wasser
- 1/4 TL Salz
- 1 1/2 Tasse Wodka, hochprozentig
- 3 EL Vanille

Richtungen

a) Kombinieren Sie Zucker und Wasser; kochen, bis sich der Zucker aufgelöst hat. Hitze reduzieren, um 1 Stunde zu köcheln und zu köcheln.

b) LASSEN SIE KÜHLEN.

c) Wodka und Vanille einrühren.

37. Kahlua Brandy Kaffee

Zutaten:

- 1 Unze Kahlua
- 1/2 Unze Brandy
- 1 Tasse heißer Kaffee
- Schlagsahne zum Belegen

Richtungen

a) Fügen Sie Kahlua und Brandy zum Kaffee hinzu
b) Mit der Schlagsahne garnieren

38. Limetten-Tequila-Espresso

Zutaten:

- Doppelter Schuss Espresso
- 1 Einstellung von White Tequila
- 1 frische Limette

Richtungen
a) Führen Sie eine Limettenscheibe um den Rand eines Expresso-Glases.
b) Gießen Sie einen doppelten Schuss Expresso über Eis.
c) Fügen Sie eine einzelne Aufnahme von White Tequila hinzu
d) Dienen

39. Gesüßter Brandy-Kaffee

Zutaten:
- 1 Tasse frisch gebrühter Kaffee
- 1 Unze Kaffeelikör
- 1 TL Schokoladensirup
- 1/2 Unze Brandy
- 1 Schuss Zimt
- Süße Schlagsahne

Richtungen
a) Kombinieren Sie Kaffeelikör, Brandy,
   Schokoladensirup und Zimt in einer Tasse.
   Füllen Sie mit frisch gebrühtem Kaffee.
b) Top mit Schlagsahne.

Hausgemachter Schokoladensirup

Zutaten:

- 1/2 Tasse Sirup
- 2 EL Kakao
- 1/8 TL Salz
- 1 1/2 EL Butter
- 1/4 Tasse Wasser
- 1/4 TL Vanilleextrakt

Richtungen

a) Kombinieren Sie Zucker, Kakao und Salz in einem kleinen Topf.
b) Fügen Sie genügend Wasser hinzu, um eine Konsistenz zu erhalten, die Sie umrühren können.
c) Fügen Sie Butter zur Kakaomischung hinzu.
d) Bei mittlerer Hitze unter ständigem Rühren zum Kochen bringen.
e) 1 Minute unter Rühren kochen lassen.
f) Vom Herd nehmen. Vanille hinzufügen.

40. Dinner Party Kaffee

Zutaten:
- 3 Tasse Sehr heißer entkoffeinierter Kaffee
- 2 EL Zucker
- 1/4 Tasse heller oder dunkler Rum

Richtungen

a) Kombinieren Sie sehr heißen Kaffee, Zucker und Rum in einer erhitzten Kanne.

b) Verdoppeln Sie nach Bedarf.

41. Süßer Ahornkaffee

Zutaten:

- 1 Tasse halb und halb
- 1/4 Tasse Ahornsirup
- 1 Tasse heiß gebrühter Kaffee
- Gesüßte Schlagsahne

Richtungen

a) Bei mittlerer Hitze halb und halb Ahornsirup in einem Topf kochen. Ständig umrühren, bis alles gut erhitzt ist. Lassen Sie die Mischung nicht kochen.

b) Kaffee einrühren und mit gesüßter Schlagsahne servieren.

42. Dublins Traum

Zutaten:

- 1 EL Pulverkaffee

- 1 1/2 EL Instant heiße Schokolade
- 1/2 Unze Irish Cream Likör
- 3/4 Tasse kochendes Wasser
- 1/4 Tasse Schlagsahne

Richtungen

a) In ein irisches Kaffeeglas alle Zutaten außer der Schlagsahne geben.

b) Rühren, bis alles gut vermischt ist, und mit Schlagsahne garnieren.

43. Di Saronno Kaffee

Zutaten:

- 1 Unze Di Saronno Amaretto
- 8 fl Kaffee
- Schlagsahne

Richtungen

a) Di Saronno Amaretto mit Kaffee mischen und mit Schlagsahne belegen.

b) In einer irischen Kaffeetasse servieren.

44. Baja Kaffee

Zutaten:

- 8 Tasse heißes Wasser
- 3 EL Instantkaffeegranulat
- 1/2 Tasse Kaffeelikör
- 1/4 Tasse Creme de Cacao Likör
- 3/4 Tasse Schlagsahne
- 2 EL halbsüße Schokolade, gerieben

Richtungen

a) Kombinieren Sie im Slow-Cooker heißes Wasser, Kaffee und Liköre.

b) Abdecken und auf NIEDRIG 2-4 Stunden erhitzen. In Tassen oder hitzebeständige Gläser füllen.

c) Top mit Schlagsahne und geriebener Schokolade.

45. Pralinenkaffee

Zutaten:

- 3 Tassen Heiß gebrühter Kaffee
- 3/4 Tassen halb und halb
- 3/4 Tassen Fest verpackter Lt.Brown Zucker
- 2 EL Butter oder Margarine
- 3/4 Tasse Pralinenlikör
- Gesüßte Schlagsahne

Richtungen

a) Die ersten 4 Zutaten in einem großen Topf bei mittlerer Hitze unter ständigem Rühren kochen, bis sie gründlich erhitzt sind. Nicht kochen.

b) Likör einrühren; Mit gesüßter Schlagsahne servieren.

46. Pralinenlikör

Zutaten:
- 2 Tassen dunkelbrauner Zucker fest verpackt
- 1 Tasse weißer Zucker
- 2 1/2 Tassen Wasser
- 4 Tassen Pekannussstücke
- 4 Vanilleschoten in Längsrichtung geteilt
- 4 Tassen Wodka

Richtungen

a) Kombinieren Sie braunen Zucker, weißen Zucker und Wasser in einem Topf bei mittlerer Hitze, bis die Mischung zu kochen beginnt. Hitze reduzieren und 5 Minuten köcheln lassen.

b) Geben Sie Vanilleschoten und Pekannüsse in ein großes Glas (da dies 4 1/2 Tassen ergibt. Gießen Sie die heiße Mischung in das Glas und lassen Sie es abkühlen. Fügen Sie Wodka hinzu

c) Decken Sie es fest ab und lagern Sie es an einem dunklen Ort. Drehen Sie das Glas für die nächsten 2 Wochen jeden Tag um, um alle Zutaten zusammen zu halten. Nach 2 Wochen die Mischung abseihen und die Feststoffe verwerfen.

47. Amaretto Cafe '

Zutaten:

- 1 1/2 Tassen warmes Wasser
- 1/3 Tasse Amaretto
- 1 EL Instant-Kaffeekristalle
- Redi Whip-echtes Sahne-Topping

Richtungen

a) Rühren Sie Wasser und Instantkaffeekristalle in einer mikrowellengeeigneten Schüssel zusammen.

b) Mikrowelle unbedeckt, bei 100% Leistung für ca. 3 Minuten oder bis es dampfend heiß ist.

c) Amaretto einrühren. In klaren Glasbechern servieren. Belegen Sie jede Tasse Kaffeemischung mit etwas Dessert.

48. Cafe Au Cin

Zutaten:
- 1 Tasse kalter starker französischer Röstkaffee
- 2 EL Kristallzucker
- Dash Zimt
- 2 Unzen Tawny Port
- 1/2 TL geriebene Orangenschale

Richtungen
a) Kombinieren und in einem Mixer mit hoher Geschwindigkeit mischen.
b) In gekühlte Weingläser gießen.

49. Cappuccino mit Spikes

Zutaten:
- 1/2 Tasse halb und halb
- 1/2 Tasse frisch gebrühter Espresso
- 2 EL Brandy
- 2 EL weißer Rum
- 2 EL dunkle Kakaocreme
- Zucker

Richtungen

a) Die Hälfte und die Hälfte in einem kleinen Topf bei starker Hitze verquirlen, bis sie schaumig wird (ca. 3 Minuten).

b) Espressokaffee auf 2 Tassen verteilen. In jede Tasse die Hälfte des Brandys und die Hälfte der Crème de Cacao geben.

c) Die Hälfte und die Hälfte erneut verquirlen und in Tassen füllen.

d) Zucker ist optional

50. Gälischer Kaffee

Zutaten:
- Schwarzer Kaffee; frisch gemacht
- Scotch Whisky
- Roher brauner Zucker
- Echte Schlagsahne; geschlagen, bis etwas dick

Richtungen

a) Gießen Sie den Kaffee in ein warmes Glas.

b) Fügen Sie den Whisky und den braunen Zucker hinzu, um zu schmecken. Gut umrühren.

c) Gießen Sie etwas leicht geschlagene Sahne in das Glas über die Rückseite eines Teelöffels, der sich direkt über der Flüssigkeit in der Tasse befindet.

d) Es sollte ein bisschen schweben.

FAZIT

Es gibt Millionen von Menschen, die einfach den Geschmack von Kaffee lieben. Dieser Geschmack ist für jeden Kaffeetrinker aufgrund der großen Auswahl an Kaffeearomen, Braten und Sorten, die auf dem Markt erhältlich sind, unterschiedlich. Einige Leute mögen einen tiefdunklen Kaffeegeschmack, während andere einen leichteren Braten mögen, der glatt und weich ist. Unabhängig vom Geschmack werden die Menschen zu ihrer morgendlichen Tasse Kaffee verführt. Die Hauptgründe, warum Menschen Kaffee trinken, sind so vielfältig wie die Kaffeesorten, die zum Trinken zur Verfügung stehen. Unabhängig von den Gründen, warum Menschen Kaffee trinken, ist er nach dem Konsum von Wasser an zweiter Stelle, und mit jedem Tag wächst die Zahl der Kaffeetrinker enorm, indem sie ihre eigenen Gründe für das Trinken von Kaffee auf die Liste setzen.

Wenn Sie ein Kaffeeliebhaber oder ein neuer Konvertit sind, werden diese Rezepte einen großen Beitrag zur Vertiefung Ihrer Liebe zum Kaffee leisten!

Viel Spaß beim Brauen!

Lightning Source UK Ltd.
Milton Keynes UK
UKHW020739150621
385538UK00001B/54